haha, June 21st, Sunday

Yes, The pen works! epic! Holy crap this is a miracle. wtf. How? IDK? Ahhhhh

"Sometimes I wear glasses"

The Traveler

The Traveler

The Traveler

The Traveler

The Traveler

The Traveler

The Traveler

The Traveler

The Traveler

The Traveler

The Traveler

The Traveler

The Traveler

The Traveler

The Traveler

The Traveler

The Traveler

The Traveler

The Traveler

The Traveler

The Traveler

The Traveler

The Traveler

The Traveler

The Traveler

The Traveler

The Traveler

The Traveler

The Traveler

The Traveler

The Traveler

The Traveler

The Traveler

The Traveler

The Traveler

The Traveler

The Traveler

The Traveler

The Traveler

The Traveler

The Traveler

The Traveler

The Traveler

The Traveler

The Traveler

The Traveler

The Traveler

The Traveler

The Traveler

The Traveler

The Traveler

The Traveler

The Traveler

The Traveler

The Traveler

The Traveler

The Traveler

The Traveler

The Traveler

The Traveler

The Traveler

The Traveler

The Traveler

The Traveler

The Traveler

The Traveler

The Traveler

The Traveler

The Traveler

The Traveler

The Traveler

The Traveler

The Traveler

The Traveler

The Traveler

The Traveler

The Traveler

The Traveler

The Traveler

The Traveler

The Traveler

The Traveler

The Traveler

The Traveler

The Traveler

Made in the USA
Middletown, DE
01 June 2019